AF440283

LE TRÉSOR SOCIAL

DE TOUS LES PEUPLES

OU LE

VÉRITABLE GUIDE DES ÉLECTEURS

DÉDIÉ

**A tous les Amis du progrès, aux Citoyens
Présidents et Membres des Clubs
à toutes les Sociétés démocratiques et sociales,**

PAR UN SOLDAT DU TRAVAIL ET DE LA VRAIE DÉMOCRATIE

Le citoyen MORTERA.∴

*Serrurier-Mécanicien, ex-Président du Comité des Ouvriers
Serruriers-Mécaniciens de la ville de Lyon,
Auteur du* GUIDE DU VRAI RÉPUBLICAIN.

Le vote universel nous a donné le droit,
d'élection, exerçons ce droit.

Prix : 10 centimes.

PARIS,

AU LOCAL MAÇONNIQUE, RUE GRENELLE-SAINT-HONORÉ, 45,

ET CHEZ L'AUTEUR, MÊME RUE, 41.

1849.

LE TRÉSOR SOCIAL DES PEUPLES

Extrait de l'ouvrage qui a pour titre : *le Vrai républicain*, publié par le F∴ MORTERA, serrurier-mécanicien, contenant :

1º Toutes les grandes questions humanitaires, questions qui intéressent à un si haut degré le salut de la patrie et le bien-être de tous les soldats du travail, et demontre clairement les causes du malaise social et leur remède ; il est suivi d'un discours maçonnique sur la justice, dédié à tous les F∴ M∴ et aux profanes, où il prouve que de tout temps la franc-maçonnerie s'est constamment occupée de la démocratie, de la fraternité et des principes d'humanité chez tous les peuples, et s'est toujours trouvée en communion avec toutes les âmes généreuses qui se sont préoccupées de ces questions avec grandeur et dignité.

2º Il indique l'amélioration du sort des travailleurs au moyen des bons hypothécaires ;

3º Il explique le système de la Banque nationale française : *capital, intelligence, confiance* et l'association générale de toutes les industries ;

4º Ce travail intéresse toutes les professions, toutes les industries et tout les classes ; combat tous les préjugés, déracine les abus, démontre clairement la nullité des moyens mis en pratique jusqu'à ce jour, par une routine aveugle, stigmatise les systèmes des hommes de mauvaise foi, intéressés à maintenir le vieil ordre social ; il montre clairement par des récits historiques le progrès incessant de la civilisation vers le but humanitaire de son système. Il dévoile par une piquante ironie le but des hommes rétrogrades qui, par une manie, un aveuglement naissant à la foi de la stupidité et du fanatisme, nous présentent toujours nos ancêtres comme des modèles en tous genres.

Ce travail se recommande par l'actualité des questions politiques et sociales qu'il traite toutes avec lucidité et sagesse.

L'auteur a su en respectant les droits acquis, indiquer le remède aux maux de la société ; en un mot le système de publication du F∴ MORTERA, satisfait parfaitement les vœux et les exigeances de notre époque actuelle.

Nous le recommandons à l'attention des lecteurs amis du progrès.

GUIDE DES ÉLECTEURS.

En ce moment solennel, une étude piquante, digne de tout notre intérêt, serait de comparer entre elles nos différentes phases révolutionnaires ; ces rapprochements historiques auraient en même temps pour résultat de faire ressortir les avantages de notre situation. Ma témérité ne devrait pas entreprendre même un simple essai sur cette matière ; mais j'ai puisé mon assurance dans cette pensée que tout citoyen, quelque petite que soit sa sphère, doit à la république le faible tribut de son patriotisme.

Je n'aspire point à élaborer un traité complet sur cette question, ce serait une folle prétention de ma part ; mon esquisse même manquera de l'ensemble qui devrait la caractériser, ou du moins, pour lier entre elles toutes ses parties, il m'aurait fallu un plus grand espace ; elle se borne à présenter des faits détachés et groupés comme au hasard. Ces faits ne seront point trouvés dignes d'être présentés à la phalange aristocratique des hommes de lettres : mais aussi je m'adresse particulièrement à la masse de mes frères travailleurs, peut-être pourront-ils y puiser quelque vérité utile, c'est là ma seule ambition.

Travailleurs, mes frères, que peut-on faire maintenant pour notre cause ? Agir en vertu des droits d'association proclamés par la République française. Or, le jour est venu, c'est à nous qu'il appartient d'agir dans l'intérêt de notre propre cause, il y va de notre vie et de notre bonheur. Nous avions conquis nos droits, il nous reste à remplir nos devoirs ; il dépend de nous de sortir, si nous le voulons fermement, du dédale de misère, de douleur, d'abaissement où nous languissions depuis si longtemps ; voulons-nous assurer un heureux avenir à nos enfants, et à nous-mêmes le repos pour notre vieillesse, nous le pouvons en nous unissant tous ensemble ; notre action à nous ce n'est pas la destruction ; non, car la destruction, au lieu de remédier à nos maux, ne ferait que les accroître ; notre action, à nous tous, nous n'en avons qu'une légale et légitime, avouable devant Dieu et devant les hommes ; elle embrasse le bonheur de l'humanité toute entière ; ne restons pas dans l'isolement ; isolés, nous serions faibles. Réunissons-nous.

Aujourd'hui les rôles sont changés ; les peuples connaissent leurs droits ; ils sont tous amis de la France. Dans ce grand courant qui les entraîne vers la liberté, les rois, à leur tour, se trouvent dans l'isolement. Insensés ! comprenez donc les rapports qui vous lient naturellement à ceux que vous appelez vos sujets ; si le désir du bien-être général est un mobile nul pour vous, subissez le sort d'être traînés à la remorque par les nations ; résister à l'entraînement des masses ou à leurs besoins est plus qu'un crime, c'est une faute qui vous expose aux plus terribles conséquences ; lorsque l'heure de la justice des peuples aura sonné, vos regrets seront superflus. Si la paix de l'Europe est troublée, jamais guerre continentale n'aura commencé sous des auspices plus favorables à la cause des peuples ; la France n'aspire pas aux conquêtes militaires ; aussi la guerre n'aura lieu qu'autant que l'oppression de nos alliés sera pour nous une cause provocatrice. Quel serait donc le prince assez fou pour se porter à de pareils excès ? Le souvenir des prodiges de nos soldats d'Austerlitz et de Marengo, s'est-il donc effacé de leur mémoire ? Nous leur prouverons que notre race ne s'est point abâtardie. Indépendamment de nos ressources matérielles, nous avons encore une force morale immense ; elle repose sur la conscience de nos droits, elle a pris un développement inconnu depuis la justification historique de ce nouvel adage : *Les rois s'en vont.* Notre force morale peut encore s'accroître par la propagande.

La propagande ! voilà notre arme redoutable ; par elle les trônes seraient ébranlés, et les rois tremblants fuiraient devant le flot populaire. Quel serait donc le roi assez dépourvu de sens pour nous déclarer la guerre ? L'alliance impie des rois contre les peuples est désormais impossible ; il n'y a de possible que la sainte ligue des peuples contre les rois. Vive donc à jamais la République française ! L'Italie, la Pologne et l'Allemagne vont bientôt se rallier à la même forme de gouvernement. Vive la République universelle !

J'aborderai toutes ces questions : pour chacune, je placerai dans cet ouvrage un traité spécial. Je ferai tous mes efforts pour éclairer mon pays sur le mal qui le tourmente, et je chercherai, de plus, à lui donner, ce qui vaut mieux, un remède à ses souffrances, ou plutôt en éclairant tous mes frères travailleurs, je les mettrai, selon mes forces, en état de guérir eux-mêmes les plaies de la société.

Citoyens Electeurs,

A aucune époque de notre histoire nationale la France n'a eu autant besoin d'union qu'à présent, les élections pour l'Assemblée nationale législative vont bientôt se préparer, nous n'avons pas grand temps pour nous concerter.

Dans cette grave circonstance, l'indifférence serait bien coupable; mes frères, le moment de la lutte électorale va bientôt arriver, l'union est nécessaire et indispensable, si nous ne voulons encore une fois voir siéger les ambitieux et les hommes du lendemain à la place où doivent siéger les ouvriers laborieux, que leur désintéressement, leur intelligence et leur patriotisme bien connus recommandent à nos sympathies; aujourd'hui nous pouvons marcher d'un pas ferme et assuré dans la voie qui nous est ouverte, et bientôt nous aurons conquis une position qui fera converger vers nous d'utiles éléments dispersés jusqu'à ce moment et qui n'en attendent qu'un pour les coordonner; citoyens, ne nous préoccupons pas d'assurer l'élection des hommes dont le savoir éminent et l'inaltérable dévouement ont allumé le flambeau républicain, leur triomphe est certain : nous sommes à eux comme ils sont à nous; mais repoussons sans restriction ces hommes que nous voyons quittant habilement l'habit pour endosser la veste, ou ces autres qui, le danger passé, déploient un patriotisme d'autant plus outré que le moment est plus éloigné de le mettre à l'épreuve; oui, mes frères, la royauté héréditaire est morte, le fantôme monarchique s'est évanoui, lorsque le soleil républicain a projeté ses rayons sur sa face décrépite. Une démocratie aristocratique, royauté ridicule, pourrait prétendre à la succession : non, plus de dynastie, plus d'aristocratie, place au peuple, au vrai peuple, à celui qui a toujours, dans tous les temps, versé son sang pour le salut de tous et usé ses forces pour la prospérité commune, et qui jusqu'à présent n'avait pas même en perspective sa place assurée à l'hospice. Le dépôt de mendicité, en passant par la flétrissure de la police correctionnelle, voilà quel était l'asile réservé à sa vieillesse. Vous voyez, mes frères, la belle perspective que les odieux gouvernements tyranniques, aristocratiques réservaient à tous les soldats du travail, nos frères.

Oui, mes frères, *persistons dans notre œuvre fraternelle et sociale*, et dans quelque temps nous serons le principe d'une vie active et républicaine, nos efforts contribueront puissamment à la prospérité de la nation, les intérêts généraux ne grandissent jamais sans que les intérêts privés n'en prennent une bonne part ; en nous unissant en commun, nous augmenterons le patrimoine de l'industrie ; alors l'industrie sera une bonne mère qui rend au centuple et qui distribue avec sagesse à ses enfants le patrimoine qu'on lui a fait ; nous sommes tous frères de la même armée pacifique. Unissons-nous tous, mes frères, avec empressement ; que la nation ne forme qu'une sainte alliance, une union parfaite de toutes les corporations, de toutes les classes de la société ; en nous occupant en commun de nos besoins divers, nous augmenterons le bien-être général de la nation républicaine. Le patriotisme doit cesser d'être un vain mot dont on a tant abusé depuis soixante ans, il doit se montrer par des actes plutôt que par des paroles ; constitués aujourd'hui en république, pratiquons les vertus républicaines et profitons des leçons du passé ; que le grand intérêt social domine tout sentiment personnel ; que chacun, dans sa sphère d'action, concoure à la prospérité du pays et au bien-être des populations. Bannissons pour toujours le culte exclusif de l'argent, car il pervertit les masses, produit l'égoïsme et la corruption, détruit la concorde et la fraternité dans la grande famille.

Maintenons l'ordre dans la liberté, car l'altération de l'un détruirait l'autre ; en nous unissant tous ensemble, nous élèverons le triomphe de notre belle nation républicaine ; les heureux viendront donner la main à ceux qui pensent bien et qui travaillent au progrès ; ils viendront aussi s'occuper de ceux qui souffrent pour ne pas laisser s'affaiblir ou se perdre les forces qui agissent et les forces qui attendent, et pour donner une part honorable au banquet du travail et du succès à tous ceux qui ont du cœur et de l'intelligence ; nous avons devant nous de nobles et importants travaux à exécuter, nous aurons pour mission la satisfaction de l'intérêt général dans l'accroissement de la richesse générale de la nation ; le talent et le travail peuvent justement s'enorgueillir du brillant résultat qu'ils ont atteint par l'un de ces éléments qu'ils tiennent, du hasard de la nature ou de leur volonté. Jusqu'ici, mes frères, nous avons travaillé avec quelque utilité, nous l'espérons ; quelle que soit la malveillance du ministère rétrograde qui cherche à nous désunir et à fermer nos clubs où nous puisions nos idées sociales, mais aujourd'hui nous pouvons vivre de notre propre vie, et nous présenter avec franchise à tous ceux que nous désirons attirer à nous pour arriver au but de notre *mission* pour *réunir dans une seule et même pensée* tous les hommes qui s'intéressent au progrès de l'humanité, soit par le concours qu'ils lui prêtent ou qu'ils lui prêteront, soit par la bonne foi ou par de légitimes pensées, soit en en aidant le développement.

Frères électeurs, tous soldats du travail et de la démocratie sociale, réunissons-nous et reserrons nos rangs , et ne nous trompons pas une seconde fois en envoyant des représentants à l'Assemblée nationale législative, en choisissant nos mandataires parmi les hommes puissants et fortunés.

Est-il nécessaire d'être riche pour être élu représentant du peuple? Non, je le répète , puisque chaque citoyen représentant reçoit un salaire journalier que la nation lui accorde, et qui est suffisant pour subvenir à tous les frais de déplacement ; les éléments de fortune ne sont donc pas nécessaires.

Voici les éléments qui sont indispensables pour être bon représentant du peuple :

1º Il faut être entièrement dévoué à la cause pour laquelle on reçoit le mandat ;

2º Il faut être connu par le civisme, la moralité et la probité ;

3º Il faut avoir l'intelligence, la capacité et le talent pour remplir le mandat que la nation vous aura confié ; voilà les éléments qui sont indispensables pour être représentant : ces élémens nous les trouverons sans nul doute dans les masses intelligentes des soldats du travail et de la démocratie sociale.

Les éléments de fortune ne sont donc pas nécessaires pour être élu représentant du peuple. Non ; car presque tous ceux qui possèdent ces éléments de fortune pécuniaire, ce sont presque tous des hommes rétrogrades, de mauvais frères et nos grands ennemis, qui brûlent de rage de ne plus pouvoir nous tenir en esclavage ; empressons-nous donc, frères, tous amis du progrès, pour choisir et pour envoyer à l'Assemblée nationale législative des hommes de travail, et laissez dans leurs foyers ces hommes rétrogrades, ces hommes cupides, ces hommes trompeurs, qui sont venus dans nos clubs démocratiques nous faire de trompeuses professions de foi , anti-républicaines ; ils sont venus se rallier parmi nous, ils se sont décorés des in signes de notre République qu'ils voyaient avec horreur ; ils ont cherché à l'escamoter ; mais n'ayant pu réussir et voyant qu'ils ne pouvaient mieux faire, ils sont venus parmi nous à contre cœur, ils ont fait semblant de venir nous tendre leurs mains bienfaitrices : c'était pour mieux avoir la facilité de nous tendre un piége affreux, lorsqu'ils seraient arrivés au pouvoir.

Leur coup est manqué, il est encore temps de remédier à nos maux; nous seuls nous le pouvons en excluant par le vote universel de l'Assemblée nationale législative tous ces hommes remplis de perfidie, de cupidité et d'égoïsme; cependant, je ne prétends pas dire que parmi les hommes puissants et fortunés, quel que soit leur position, il n'y ait pas de vrais républicains. Oui, citoyens, nous en connaissons quelques-uns qui sont de véritables frères, et qui nous aiderons de toutes leurs ressources pour la prospérité de notre République démocratique et sociale.

Mes frères, vous tous, comme moi, consacrez votre vie, au travail pour les institutions républicaines, pour que la République porte les fruits que nous attendons d'elle. Il faut pour cela faire un appel fraternel à tous nos frères travailleurs de toutes les corporations, à nos frères cultivateurs et à nos frères artisans des villes et des campagnes; pour arriver à cet heureux résultat, resserrons nos rangs le plus étroitement possible, consultons-nous, et choisissons des représentants pour envoyer à l'Assemblée nationale législative pris parmi les hommes du peuple, des ouvriers travailleurs, des hommes intelligents et laborieux, qui sauront faire respecter tous nos droits et tous les besoins du peuple. Oui, mes frères, je le répète, nous avons été tous trompés par de certains hommes lors des précédentes élections du 23 avril 1848; le peuple avait cru envoyer à l'Assemblée nationale de dignes mandataires, de dignes défenseurs de ses droits légitimes; le peuple s'est bien trompé : en choisissant ses représentants parmi les hommes riches pour avoir des orateurs, il a eu, au contraire, des oppresseurs. Que voulez-vous espérer d'une chambre composée d'anciens pairs de France, d'anciens ministres, d'anciens préfets de Charles X et de Louis-Philippe, d'archevêques, d'évêques, de prêtres, *de pères* et *de frères* et une partie de députés de Louis-Philippe? La plupart de ces hommes sont élevés dans le principe du jésuitisme. Voulez-vous espérer d'eux quelque amélioration au sort du peuple des travailleurs? Non, ils ne feront rien! Ce sont des hommes rétrogrades, impopulaires, qui sont intéressés à voir maintenir le vieil ordre des anciennes dynasties, royautés ridicules, qui offraient une foule de priviléges à tous leurs partisans, qui n'existent plus de notre temps, et que le peuple a pour jamais effacées de ce monde. La royauté, sous quelque nom qu'elle se présente, *rléans, Bonaparte, les Bourbons, c'est de l'histoire ancienne, rien de plus.* En résumé, je ne pourrais trop faire de propagande à tous les soldats du travail mes frères sur toutes les questions qui les concernent, et auxquelles, par conséquent, ils ne sauraient demeurer indifférents. Frères de la démocratie sociale et fraternelle, faisons tous nos efforts pour choisir les représentants pris dans les classes des travailleurs, des ouvriers intelligents et probes, pris au milieu de nos phalanges démocratiques.

Ce sera le seul moyen d'arriver aux réformes utiles à l'intérêt du pays, en envoyant à l'Assemblée nationale législative les représentants des hommes du peuple ; ce sera le moyen le plus sûr d'obtenir l'abolition de tous les impôts qui pèsent sur la viande, sur le vin ordinaire, sur le sel, en un mot, sur tous les objets de consommation pour la nourriture la plus nutritive des travailleurs nos frères ; en même temps, radiation immédiate des 45 centimes que le Gouvernement provisoire avait décrétés et l'amélioration du sort de tout le peuple en général.

Je ne pourrais jamais trop rappeler à tous mes frères électeurs d'employer toute leur énergie, toute la persévérance et tout leur dévouement : rallions-nous tous ensemble par la chaîne de la sainte alliance, et envoyons pour nos mandataires à la représentation nationale des représentants des soldats du travail pour aller créer des lois et défendre nos droits légitimes.

VIVE LA MONTAGNE,
SAUVEGARDE DE LA RÉPUBLIQUE DÉMOCRATIQUE ET SOCIALE,
UNE ET INDIVISIBLE!

Mes frères, vous savez tous que la constitution révoque la chambre après la proclamation du président de la République pour réélire de nouveaux représentants.

La présidence est proclamée, Dieu veuille qu'elle maintienne la paix et la tranquillité et le bien-être du pays, que la confiance renaisse, que le travail reprenne son cours, que la consommation se ranime, et que la classe ouvrière laborieuse puisse vivre honorablement en travaillant. La Constitution révoque l'Assemblée nationale après la proclamation du président, pour réélire de nouveau les représentants.

Mes frères travailleurs, vous vous rappellerez, sans doute, de ces hommes qui se sont présentés dans les clubs au nom de la démocratie en nous promettant par leurs professions de foi de prendre les véritables intérêts du peuple. Vous voyez, mes frères, nous avons été trompés par certains hommes, l'ambition leur a fait oublier les besoins du peuple. Puisque nous avons de nouvelles élections à faire, que le peuple se résume dans ses droits et dans ses devoirs pour choisir et envoyer à l'assemblée nationale des hommes du peuple, des ouvriers, des travailleurs comme lui ; que le peuple envoie à l'assemblée nationale ces députés là, ils ne porteront pas de musc, ils n'auront pas un binocle, leur chevelure ne sera pas également et soigneusement partagée, ils n'auront pas de gants, soit ; et si jamais vous aviez l'honneur de vous approcher d'eux, vous pourriez voir sur leurs mains les durillons qu'y ont laissés le manche du marteau et leurs rudes outils ; vous y verriez les gerçures, témoins de leur fatigable labeur. Cela vous semble drôle, n'est-ce pas, et vous vous demandez comment ces gens parleront à la chambre. Oh ! rassurez-vous, ces gens mettront souvent un s à la place d'un t ; ils soulèveront quelquefois le mépris de votre froide et stérile instruction d'académicien, mais ils ne laisseront jamais de coquins aux places que devraient occuper d'honnêtes gens.

On se raille de nous entendre dire qu'il faut envoyer des ouvriers à l'assemblée nationale ; c'est qu'il est, en effet, bien nouveau de voir celui qu'on avait toujours considéré comme un être abject, destiné à porter tout le fardeau social, prendre enfin part aux délibérations qui le concernent ; nos virtuoses politiques se feront difficilement à l'idée de voir siéger, côte à côte avec eux, ceux-là même qu'ils ne regardaient, il y a quelque temps, qu'avec un dédain suprême.

Le paletot blanc du fashionable se trouvera, nous le savons, humilié de son contact avec la veste bleue du travailleur.

Quel que soit le dépit que devra causer à l'aristocratie ce qu'elle appelle une mésalliance de gouvernement, cette mésalliance aura lieu, à moins cependant que, moins bien inspiré que nous ne l'espérons, le peuple au lieu d'envoyer à la représentation nationale des hommes du peuple, des hommes de travail, de dévouement et d'intelligence, ne se laisse séduire à l'endroit de quelques faiseurs de grandes phrases, éblouir par le patriotisme extérieur et récent de certains hommes, et que les ouvriers qui ne sont pas tous instruits de leurs droits et de leurs véritables devoirs envoient à la représentation nationale quelques marchands de belles promesses, de préférence à des hommes *intelligents* et *probes, pris au milieu de nos phalanges démocratiques et sociales.*

Cependant, qui mieux que celui qui a vécu de sa vie, peut représenter le peuple et défendre sa cause légitime, qui sentira mieux les douleurs du peuple que celui qui a souffert de ses douleurs.

Est-ce le riche, habitué dès son enfance au luxe, à l'oisiveté, à l'opulence, qui comprendra les haillons, l'activité, la misère du peuple.

Non, non, le riche sera blessé de la vue du pauvre ; il en aura pitié peut-être, il le plaindra s'il est né miséricordieux ; mais comme il n'a point partagé ses maux, il ne voudra jamais, pour le guérir, s'imposer les lourds sacrifices aux moyens desquels, seuls, on pourrait y apporter remède.

Le remède, aujourd'hui, consiste à soulager la misère du peuple au moyen de fondations républicaines ; telles qu'ateliers nationaux agricoles, où tous trouveront un travail honorable et bien distribué : *écoles nationales pour tous, riches et pauvres ; hôpitaux nationaux, non ces maisons de prétendue charité où l'on fait mourir de faim sous prétexte de guérir de la fièvre, mais des véritables hôtels de la fraternité pour les malades, les vieillards et les orphelins.* Eh bien, vous imaginez-vous que l'aristocratie soit capable de fonder ces institutions ! Non, non, votre erreur serait grande, en vérité ; l'aristocratie ne sait pas s'exécuter franchement, lorsque des grands sacrifices sont indispensables.

Ainsi donc, mes très chers frères soldats de la démocratie sociale, hâtons-nous de serrer nos rangs et de prendre dans le peuple des représentants choisis par les ouvriers pour aller défendre nos droits à la chambre constituante législative ; ils seraient encore une fois méconnus sans leur présence.

Une des plus urgentes, des plus indispensables et, disons-le bien haut, une des plus légitimes améliorations que le pays ait le droit d'attendre de la nouvelle assemblée constituante, c'est l'amélioration immédiate, instantanée et progressive, l'amélioration morale et matérielle du sort des travailleurs. Faite par le peuple et pour le peuple, la révolution nouvelle doit profiter avant tout au peuple. C'est pour avoir oublié et méconnu ces droits inaliénables et sacrés du peuple, que tant de dynasties se sont écroulées. Or, les travailleurs, cette majorité si imposante, si respectacle et si digne d'intérêt de la grande famille, ne sauraient être désormais déçus dans leurs justes espérances, si ce n'est par un fratricide inqualifiable, par une espèce de sacrilége qui couvrirait d'opprobre la mémoire de leurs auteurs et de leurs complices.

Oui, plus le peuple a été patient dans ses souffrances, héroïque dans la lutte, magnanime et généreux après la victoire, plus aussi tous les hommes libres, les hommes d'intelligence et de cœur, sincèrement républicains, doivent comprendre qu'enfin le jour de la réhabilitation est venu pour lui. O peuple ! tu as trop souffert ! Ton sang et ta sueur ont fertilisé le sol de la patrie. Espère donc, peuple magnanime, la patrie ne te sera pas ingrate !

Or, voici ce que nous demandons ici d'avance, et ce que nous ne cesserons de demander pour toi, de toutes les forces de nos sympathies et de nos convictions, aux plus vertueux représentants de tes intérêts, aux plus dignes et aux plus dévoués défenseurs de tes droits.

Améliorer le plus promptement possible, par tous les moyens que le droit, la justice et toutes les ressources du pays offrent aux législateurs le sort des soldats du travail :

1º Par l'association libre, pacifique et fraternelle du capital et de la main d'œuvre ; par l'établissement dans chaque ville de vastes ateliers nationaux sous la direction de citoyens intègres et laborieux, choisis parmi les maîtres et les ouvriers les plus intelligents, ateliers destinés spécialement aux vieillards, aux infirmes et aux enfants des travailleurs ;

2º Par la fondation dans tous les départements de caisses de prévoyance et d'encouragement pour le travail, destinées à subvenir chaque année aux frais d'établissement d'une ou plusieurs fabriques dirigées par les maîtres d'ateliers et ouvriers, choisis et reconnus par un jury spécial, comme les plus laborieux, les plus capables ;

Par l'établissement dans chaque chef-lieu du département, à l'imitation de Paris, d'un vaste hospice réservé aux invalides du travail, qui y trouveraient, après une vie de privations et de fatigues, le calme, le repos, tous les soins et tous les égards dus au travail et à la vieillesse ;

4º En associant et en fédéralisant en quelque sorte le capital et le salaire, c'est-à-dire le chef producteur, le maître d'atelier, l'ouvrier et le consommateur, dont un jury industriel, renouvelé chaque année, serait chargé d'établir, de protéger la solidarité et la mutualité d'intérêts ;

5º En ouvrant partout des chantiers et des ateliers modèles, où seraient formés, aux frais de l'État et des départements, de bons apprentis dans toutes les branches d'industrie nationale ?

6º En diminuant, par une diminution plus équitable de l'impôt, les charges qui pèsent sur l'artisan des grandes villes ; en abolissant même, dans l'avenir le plus prochain, la plupart des taxes ou impositions qui écrasent l'ouvrier des grandes cités : on sait que pour lui tous les genres d'améliorations sont toujours beaucoup plus coûteux que pour les habitants des campagnes ;

7º En rendant libres désormais de tous droits d'entrée dans les

grandes villes, principalement les objets de consommation indispensable, les objets de première nécessité pour l'ouvrier, tels que le vin, la
viande, le sel, etc.

Car nous l'avouerons ici avec un sentiment de douloureuse indigna-
tion, ça été jusqu'à ce jour une criante iniquité, une injustice sans
nom, que de condamner le pauvre habitant des grandes villes, quand
son corps succombait à la peine, que de le condamner, disons-nous, à
se passer de vin, parce que la cherté de cette boissson, plus que dou-
blée par le fisc lui en rendait l'usage impossible. Amélioration morale
du sort des travailleurs : tous les enfants des travailleurs sont les enfants adoptifs de la patrie.

Tous les enfants du peuple devraient être élevés et instruits jusqu'à
l'âge de douze ans, aux frais de l'État; les notions élémentaires d'histoire, de morale, l'enseignement du dessin, des mathématiques devraient être donnés gratuitement à tous les enfants des travailleurs.
L'oisiveté, fille de l'esclavage, est l'idole des monarchies; au contraire,
le travail fait la principale force et toute la gloire d'une République.
La patrie, nous le répétons, est la mère adoptive de tous les enfants du
travail.

Un moraliste moderne nous cite quelque part le trait suivant d'un
puissant rajah ou prince indien, qui, pour avoir sans cesse présentes
à ses regards les moindres souffrances de son peuple, avait fait cou-
vrir tous les murs de son palais de plusieurs tableaux immenses, représentant chacune des misères et des infortunes qu'il était en son
pouvoir de soulager.

Notre rajah indien ne se couchait pas avant d'avoir jeté un dernier
regard interrogateur sur chacune de ses peintures des souffrances po-
pulaires, et, semblable à l'empereur romain dont l'histoire a célébré
l'humanité, il regardait sa journée comme perdue lorsqu'il s'apercevait
par hasard qu'il avait oublié d'en soulager une seule. Sans nous arrê-
ter ici au sens plus merveilleux sans doute qu'authentique de cette
légende orientale, nous ne pouvons taire la pensée qu'elle a éveillée
en nous. Cette pensée, la voici:

Ne serait-il pas à désirer que la salle des séances de nos représentants fût ainsi ornée de peintures dues au pinceau des maîtres de l'art
moderne, lesquelles seraient destinées à rappeler sans cesse aux regards comme à la mémoire de chaque représentant toutes les vertus et
toutes les souffrances des soldats du travail.

O peuple! tu as trop souffert; mais patience encore quelque temps, patience! et de dignes mandataires sauront bientôt faire respecter et prévaloir tous tes droits, tous les droits de la grande et noble famille des travailleurs. Or, nous demandons en terminant :

Moraliser le peuple par l'instruction et le travail, lui rendre tous ses droits en lui faisant comprendre tous ses devoirs, n'est-ce pas là une sainte et glorieuse mission offerte aux futurs législateurs.

Non, mes frères, je le répète, pas d'aristocratie, pas de fausse bourgeoisie pour représentants du peuple de la nation républicaine; que le vrai peuple se représente lui-même.

Profession de foi d'un soldat de l'industrie et de la Démocratie sociale.

Voici, mes frères, ce que doit renfermer la constitution de la républicaine :

1º Liberté civile et religieuse, égalité absolue de droits ;

2º Inviolabilité des personnes et des propriétés ;

3º Abolition de tous les priviléges ;

4º Magistrature indépendante et nationale ;

5º Répartition des impôts en proportion progressive des fortunes et des bénéfices des profits du commerce ;

6º Organisation du travail, création d'ateliers nationaux ;

7º Moyen d'assurer l'existence aux ouvriers travailleurs invalides, à leurs veuves et à leurs jeunes enfants ;

8º Affranchissement de tout impôt pour le travail personnel, ou proportionnellement au gain ;

9º Représentation spéciale, à l'Assemblée nationale, du grand et du commerce ;

10º Création d'écoles nationales pour toutes les classes de la société sans distinction, et obligatoires à tous les citoyens, afin que tous reçoivent la même instruction donnée par les mêmes professeurs. Par ce moyen, tous les jeunes gens s'élèveront avec fraternité, et il n'existera plus ce germe de mépris entre les uns et les autres; tous s'aimeront tendrement, et seront les soutiens de notre belle nation républicaine ;

11º Plus de budgets monstres, plus de liste civile ;

12º Le gouvernement républicain, élevé sur les ruines du passé, se montrera digne du peuple le plus éclairé du monde. Soyons fidèles à sa devise : *Liberté, Egalité, Fraternité* ;

13º Des droits et des devoirs à tous, sans exceptions, dans toute l'extension du mot ;

14º Est membre du jury tout citoyen connu par le civisme, la moralité, la probité, l'intelligence et la capacité, en un mot, ous les électeurs de la grande famille doivent en faire partie et siéger aux bancs des jurés. Pour cela, le Gouvernement accorde à chaque juré du département de la Seine, six francs par jour, et cinq francs à ceux des autres départements, pour subvenir aux frais de déplacement. Par ce moyen, tout citoyen apte sera admis à faire partie du jury ;

Il ne tiendra qu'à votre volonté, mes frères, de satisfaire à ces désirs si éminemment français et patriotiques ; mais pour y parvenir, chacun de nous doit se souvenir que l'action isolée de l'homme, même du plus grand génie, ne parvient que dans quelques cas pour ainsi dire exceptionnels à réaliser d'importants résultats.

15° Oublions les récriminations dangereuses, qui feraient, n'en doutons pas, mes frères, la force de ceux qui épient nos faiblesses pour faire triompher leur égoïsme ;

Pour arriver plus vite à notre but de bonheur pour tous, par la fraternité humaine, nous comptons sur un organe puissant déjà, LE FRANC-MAÇON. Nous le prions de nous venir en aide, lui qui parle avec tant d'ardeur et de mansuétude de guérir des misères humaines, qui rallie toujours les pensées et les cœurs sans haine, ni passion, ni colère ; qu'il prenne en main notre cause qui est la cause de l'humanité, et le *franc-maçon* n'en sert pas d'autres ; qu'il le fasse et le peuple le bénira, et nous, Mortera, nous lui dirons tu es un bon *ffrère*

Mes frères, lors des précédentes élections du 23 avril 1848, j'ai eu l'honneur d'être porté à la candidature pour l'Assemblée nationale par plusieurs clubs de la ville de Lyon (Rhône), où j'habitais à cette époque. Si j'avais le bonheur de mériter quelques suffrages, j'emploierais, croyez-le bien, citoyens mes frères, toutes les capacités et tout le zèle dont je suis animé dans ce moment pour parvenir à fixer désormais le sort de tous les travailleurs républicains nos frères, et parvenir par ce moyen au bonheur de tous ; car notre véritable maxime est que un fait tous et que tous ne doivent faire qu'un.

Pour moi, mes frères, première et modeste pierre de l'édifice que nous élèverons ensemble, je le verrai avec joie grandir et se fortifier, je consacrerai encore avec dévouement tout ce que Dieu m'a donné de bonté et de persévérance à défaut d'autre valeur.

Augustin MORTERA.·.

Paris, janvier 1849.

Fermeture du Club de la Fraternité, rue Martel.

Lettre adressée au Citoyen Président de la République.

N'avons-nous donc fait qu'une révolution de palais ; le résultat ne sera-t-il qu'une substitution de noms élus sous un régime si énergiquement répudié et si impudemment renouvelé en cette circonstance.

Nous protestons de toute notre puissance contre cette indigne manœuvre du ministère pour la fermeture des clubs ; nous demandons qu'une dénonciation formelle, en abus de pouvoir, soit immédiatement adressée, au nom de la nation, à vous président de la *République*, contre les ministres, comme ayant violé la constitution en ce qui conceru le droit de réunion. Nous espérons que vous président de la République ferez cesser les abus ministériels et nous rendrez nos droits pour éviterde nous mettre dans la nécessité de les prendre.

MORTERA.5.

SOMMAIRE DES MATIÈRES

DÉVELOPPÉES DANS LE GUIDE DU VRAI RÉPUBLICAIN,

PAR LE F∴ MORTERA.

1º Oaganisation générale du travail, ancienne et moderne; diverses questions dans l'intérêt de la nation républicaine et principalement dédiées à tous nos F∴ travailleurs. 2º Améliorations du sort des travailleurs. 3º Association générale de toutes les industries. 4º Féodalité nouvelle (poésie). 5º Les amis et les ennemis de la République. 6º La République telle qu'elle doit être fondée. 7º Le vrai républicain. 8º Constitution des droits de l'homme et du citoyen. 9º Evènements de Paris (15 mai). 10º Journées des 23, 24, 25, et 26 juin 1848. 11º Institutions fiscales. 12º La République fondée sur l'ordre. 13º Discours prononcé au Club de la Liberté le 29 mars 1848. 14º Banque nationale française : CAPITAL, INTELLIGENCE, CONFIANCE. 15º Liberté des élections, guide des électeurs. 16º Discours prononcé par M. de Laprade. 17º Le catholicisme et la démocratie. 18º La royauté et la monarchie de 1830. 19º Les hasards abondent dans la vie. 20º Les vrais anarchistes. 21º La République et la royauté. 22º Constitutions françaises comparées. 23º Rachat des chemins de fer. 24º Dernier rôle joué par l'Eglise. 25º Prise de la Bastille, le 14 juillet 1789. 26º Lettre adressée au citoyen Président du Comité des finances. 27º Première organisation générale du travail (premier système) ancien du temps de nos pères. 28º Deuxième organisation du travail moderne ou moyen d'assurer soi-même en 30 ans un revenu de 3 fr. par jour, au moyen d'une société établie. 30º Institutions de garantie; assurances. 31º La religion d'argent. 32º Traité sur l'affranchissement de l'impôt pour le travail personnel ou proportionnellement au gain. 33º Réforme générale sur les droits d'octrois qui pèsent sur les comestibles, tels que les viandes qui sont la nourriture la plus nutritive des travailleurs, et également sur les vins ordinaires en général, et l'abolition exclusive de l'impôt sur le sel. 34º Traité très étendu sur l'agriculture. 35º Création d'école nationale et d'instruction publique pour tous les citoyens de toutes les classes et les rendre obligatoires à tous. 36º Traité sur les accapareurs de grains et de toute espèce de comestibles employés à la subsistance des travailleurs. 37º Traité sur les combustibles, tel que le charbon de terre qui sert de chauffage à la classe ouvrière dans plusieurs villes et départements. 38º Problème du travail, théorie de l'association. 39º Du droit au travail et aux ateliers nationaux. 40º La liberté de la presse donnée par la loi de 1814. 41º Conséquences de la démagogie. 42º Histoire patriotique des Arbres de la Liberté. 43º La jeunesse et la pauvreté ou dans une mansarde à 20 ans. 44º Le cathéchisme des ouvriers au nom de la LIBERTÉ, de l'ÉGALITÉ, de la FRATERNITÉ. 45º Traité sur les droits des fonctionnaires publics et sur les droits des successions. 46º Reproches au gouvernement déchu. 47º Les causes du malaise social et leur remède. 48º Astrée, discours maçonnique sur la justice dédiée à tous les F∴ M∴ et profanes de toute la surface de la terre. 49º Le purgatoire ou la poule d'or du Pape. 50º Prophétie de saint Césaire, évêque d'Arles, mort en 542, tirée d'un livre intitulé : LIBERE MIRABILIS, suivie des prophéties de Napoléon à Sainte-Hélène. 51º Plusieurs hymnes et chants patriotiques analogues au temps.

Le Guide du Vrai Républicain, ouvrage en deux volumes in-8º, publié par livraison, au prix de 50 centimes la livraison, paraîtra aussitôt après les élections de 1849. — Ouvrage complet : 10 fr.

Tous les frères démocrates, socialistes, amis du progrès, qui désireraient souscrire à cet ouvrage pourront s'adresser :

Au local maçonnique, rue Grenelle Saint-Honoré, 45; dans tous les Clubs et Sociétés démocratiques de Paris et des départements, et chez l'auteur, rue de Grenelle-Saint-Honoré, 41, à Paris.

PARIS. — Imprimerie PREVE et Comp., 19, rue du Boulo[illegible].